Als wärn es Engel, die da kämen

Weihnachtliche Begegnungen

mit Bildern von Andreas Felger

Eschbach

warten auf den Engel

Lk 1,28–56

Maria, eine junge Frau aus dem Volk Israel. Die Israeliten sind nicht frei, sondern leben unter römischer Besatzung. Groß ist die Sehnsucht nach dem verheißenen Messias, der sein Volk befreien wird. Die Menschen warten und hoffen – auch Maria wartet auf den Retter.
Aber sie erwartet nicht, dass Gott sie dafür braucht. Wer ist sie schon? Eine ganz gewöhnliche Frau aus dem einfachen Volk. Sie erschrickt, als der Engel Gabriel zu ihr kommt und ihr sagt, dass sie den Retter zur Welt bringen wird: „Fürchte dich nicht, Maria, du hast Gnade bei Gott gefunden. Siehe, du wirst schwanger werden und einen Sohn gebären, und du sollst ihm den Namen Jesus geben.“
Der Engel nimmt Maria die Angst. Aufrecht sagt sie „Ja“ und singt ein Loblied auf Gott, der Frieden und Gerechtigkeit versprochen hat.

Warten auf den Engel

alle Körperzellen
wie Fenster weit geöffnet
durchlässig
wie ein Stück Tüll

hautlos erdenlos erinnerungslos

die Nerven enthüllt
die Seele ohne Schale
die Sinne wie Fühler
in alle Richtungen ausgestreckt

das Warten selbst

das breite geduldige Warten
das über der großen Ebene liegt

empfindsam
wie die Erde vor dem Frühling
für den geringsten Sonnenhauch

entblößt
wie eine offene Wunde
unheilbar

ganz wund vom Warten

eine ewige Wartewunde
die nur der Engel
heilen kann

Helena Aeschbacher-Sinecká

Andreas Felger „Zu zweit“

Es geschieht
inmitten
der Ruinen deiner Gewohnheiten
des Abgrunds deiner Fragen
plötzlich reißt der Vorhang auf
zu einer Welt
hinter der deinen
Neben dir
der dunkle Gefährte
deiner Wege
und in dein Erschrecken
schweigt
seine Berührung
Fürchte dich nicht

Isabella Schneider

Leise
tritt es
über deine Schwelle
das Licht,
blüht die Farben
einer neuen Zeit
auf die Wände,
verwandelt
den Staub deiner Tage
zu Gold
mit seinem leichten Schritt
und legt um deine Ängste
deine Zweifel
warm seinen Mantel:
Fürchte dich nicht!

Isabella Schneider

Ave Maria

O nein
der Engel kam
im Schlaf
und hob mich sacht
in abendblaue
Sphären

Ich flog
geschlossnen Augs.
Die Blume fiel.
Ich wollte mich
dem Arm des Engels
nicht verwehren.

Isolde Lachmann

Einem Engel begegnet zu sein
heißt:
niemals mehr
engellos
leben zu wollen.

Nie mehr verzichten
auf den Platz am Brunnen
und auf den Kessel der weisen Frau.
Heißt:
bestehen auf der Vision,
nie mehr mit Halbheit zufrieden sein
nie weniger fordern
als das Ganze.

Christa Mathies

Schick den dunklen Engel nicht weg

Mt 1,18–25

Josef, ein einfacher Mann aus Nazareth. Er ist verlobt mit Maria. Er hat ihr die Ehe versprochen. Was geht in Josef vor, als er erfährt, dass Maria schwanger ist? Er ist gekränkt und verletzt; er ist entehrt. Und er ist verwirrt und hilflos. Was soll er jetzt tun? Er fühlt sich überfordert in dieser Situation. Er will Maria nicht öffentlich in Schande bringen, aber er will auch nicht mehr bei ihr bleiben. Er beschließt, sie heimlich zu verlassen.
Bedenkt er, was es für Maria bedeutet, ein uneheliches Kind zur Welt zu bringen?
Da erscheint ihm ein Engel im Traum, der ihm die Angst nimmt und ihn auffordert bei Maria zu bleiben: „Josef, du Sohn Davids, fürchte dich nicht, Maria, deine Frau, zu dir zu nehmen; denn was sie empfangen hat, das ist von dem Heiligen Geist. Und sie wird einen Sohn gebären, dem sollst du den Namen Jesus geben, denn er wird sein Volk retten von ihren Sünden."
Und Josef überwindet seine Angst und sorgt für Maria und ihr Kind.

Rufe deinen Engel

Rufe
deinen Engel
bevor du
Brücken
niederreisst

sinnlos
zerstörst
was andere
lieben

sie verletzt
mit Worten
wie Pfeile

Bitte
deinen Engel
wenn du
in den Nächten
ohne Ruh
erkennst
wie hilflos
und verzweifelt
du bist

Lilly Ronchetti

Andreas Felger „Himmelstür"

Schick
den dunklen engel
nicht weg

er sagt dir
eine vergessene botschaft
ins herz

empfange ihn freundlich
er ist wegweiser
vom überleben
zur lebendigkeit

hör genau zu
sei ganz wach
er gibt sein geheimnis
nur selten preis

er benennt dir
schmerz und glück
deiner geschichte
offenbart dir
todesangst und rettung
und öffnet dir die sinne
für begrabene sehnsucht
und verschüttete quellen

er bringt mauern
zum bröckeln
hinter denen
dein neuland lockt

lass dir zeit
für den austausch mit ihm
und nimm dir raum
seine worte wirken zu lassen

irgendwann
wirst du entdecken
dass euer gespräch
menschwerdung
gemeint hat

Almut Haneberg

Den Engel
der Leere
willkommen heißen,
der hinabsteigt
bis in den tiefsten Keller
deines Herzens.
Er bringt dir die Botschaft,
dass das Licht
im Verborgenen reift
mit dem der Himmel
das Wort der Liebe
auf die nackten Wände
deines Schweigens
schreibt.

Isabella Schneider

Du warst dabei
heute
als ein Engel geboren ward
dort
in der Nacht
als der Weg steiler ward
und man
dir
die Fackel reichte,
das Feuer, die Flamme, das Licht
und als du
segnend die Hand ausstrecktest
über andere
da
ward ein Engel geboren.

Anton Rotzetter

Seid ohne Angst

Lk 2,1-21

Hirten, Schafe – keine Idylle. Hirten gehörten in Israel zur untersten Schicht. Einfach und ungebildet. Es heißt, dass sie stehlen, dass man ihnen nicht trauen kann und dass sie stinken. Das sind keine Menschen, mit denen man gerne näher zu tun hat.

Sie sitzen auf dem Feld vor den Toren von Bethlehem an einem Feuer, um sich etwas zu wärmen.

Da bricht plötzlich eine andere Wirklichkeit in ihr Schattendasein. Ein Engel – umgeben von Licht – spricht zu ihnen: „Fürchtet euch nicht! Siehe, ich verkündige euch große Freude, die allem Volk widerfahren wird; denn euch ist heute der Heiland geboren, welcher ist Christus, der Herr, in der Stadt Davids. Und das habt zum Zeichen: Ihr werdet finden das Kind in Windeln gewickelt und in einer Krippe liegen."

Sie, die einfachen, ungeliebten Hirten, sind die ersten, die es erfahren: Gott liebt die Menschen – gerade die Geringsten – so sehr, dass er selber einer von ihnen wird.

Der Engel

In des Lebens dunklen Fragen
Kommt der Engel angereist.
Der die Liebe will ansagen,
Der die Liebe lobt und preist.
Der mich nimmt an beiden Händen,
Wenn ich stolpern, fallen will …,
Der die Nacht zum Tag kann wenden,
Macht mich dankbar, froh und still.

„Gott ist Liebe!", sagt der Engel,
Will sein Bote allen sein.
Auch in tiefes Grabes Dunkel,
Auch im Lachen, … auch in Pein…
Will Gerechtigkeit uns allen,
Die den Armen deckt den Tisch,
Neigt sich zu uns voll Erbarmen,
Zu dem „Du" und zu dem „Ich".

Gisela Freundlieb

Seid ohne Angst!

Die Nacht
war eine Nacht wie andre auch.
Der Tag schloß seine Augen, und die Sterne kamen.
Die kleinen kühlen Winde fächelten im Gras.
Die Hirten
zogen ihren Mantel enger um die Knochen.
Die Schafe
schliefen.
Und da – man kanns verstehn –, als sich der Himmel auftat
für all die Singenden: die Engel, die Musik,
die sich wie Licht süß duftend übers Land ergoß:
man kanns verstehn, wie sie erschraken,
die Hirten.
Nicht von dem Schönen, Hellen kam die Angst,
das wars: Es war so anders alles!
Denn das Gewohnte gibt uns Sicherheit,
auch wenn es dunkel ist und schlafen macht
und uns den Mantel enger ziehen läßt.
Vielleicht, daß sie, die diese Engel weckten
(und wenige waren's nicht),
sich wünschten, andre hätten sie erwählt,
die Engel,
nicht grade sie. Man kanns verstehn.
Wars deshalb, daß der Engel seine Hand erhob,
die himmlische Musik zu dämpfen und zu sagen:
„Seid ohne Angst!" –,
so glaube ich,
dies war das Erste und das Ganze,
das hier verkündigt wurde:
Evangelium.

Ylva Eggehorn nach Lukas 2,8–10

Die Weihnachtsvögel

Es kamen auch kleine Vögel
mit blumiger Spur im Schnee.
Sie hörten die Engel singen
ihr „Ehre sei Gott in der Höh!“

Sie hielten vor Staunen inne
lauschend dem Gloriengesang
und nahmen die Jubelklänge
offnen Ohrs in Empfang.

Und als es Frühling geworden,
da kamen sie wieder hervor
und sangen die Lieder der Engel
als schallenden Vogelchor.

Isolde Lachmann

Gegenlicht

Geh, sammle Dunkelheit
aus allen Nächten
und Finsternis
von allen Menschentaten.
Geh, wirf ein Netz,
das allen Schmerz enthält,
und alle Worte,
womit Menschen baten.
Und alles
unerfüllte Leben, nimm,
und alle Kälte,
die dich zittern lässt.
Was liegen blieb und ohne Sinn,
das sammle ein,
und halte alles hin –
dem Schein, der alle Nächte lichtet,
dem Licht, das alle Tode überglänzt,
das Wunder breitet
über deine Dunkelheit
und heilt den Riss,
der alles Leben teilt.

Und sieh –
dein Blick ist aufgerichtet
vom Engel, der an deiner Seite
schreitet.

Klaus Nagorni

Mache dich auf Mt 2, 13–15

Josef freut sich auf zu Hause; auf die vertraute Umgebung, die Nachbarn, seine tägliche Arbeit. Da erscheint ihm im Traum ein Engel und warnt ihn vor dem König Herodes: „Steh auf, nimm das Kindlein und seine Mutter mit dir und flieh nach Ägypten und bleib dort, bis ich dirs sage; denn Herodes hat vor, das Kindlein zu suchen, um es umzubringen."

Josef muss mit Maria und dem Kind fliehen. Keine Heimat – Fremde. Keine Freunde – Menschen, die eine andere Sprache sprechen; andere Bräuche und Sitten. Keine Arbeit – Angst um die Existenz, Angst vor Ablehnung. Auf der Flucht – keinen Boden unter den Füßen. Nur die Hoffnung, dass ein Engel begleitet.

Mache dich auf
raunt es leise
in der Tiefe deiner Träume
mache dich auf
und halte
die Hoffnung warm
in deinem Herzen
wenn du den Weg
in die Nacht gehst
und fürchte dich nicht:
der Engel,
der dein Leben hütet
trägt manchmal auch
den Schleier der Dunkelheit
vor seinem Gesicht.

Isabella Schneider

Andreas Felger „Jahreslosung 2006 (Jos 1,5b)"

Die Engel wissen es

Flügel zu tragen
ist das Schwerste

denn sie sind
aus dem Leid der Erde
gewachsen

Helena Aeschbacher-Sinecká

Erfüllung

Nun wird der Engel, der die Tage segnet,
Dich tiefer lieben und gewisser leiten.
Zu dieser Stunde bist du ihm begegnet.

Er kennt den Wirbel der entbrannten Zeiten,
Und eh' der Friede kühlend niederregnet,
Gibt er dir Kraft, in Flammen hinzuschreiten.

O könnte jeder diese Zeit begreifen,
Da ungeduldig, wider das Verstehen
Der dumpfen Menschheit taube Früchte reifen!

Du aber wirst die Engel um dich sehen,
Und wenn dich nächtens ihre Flügel streifen,
Ist Gottes Wunder auch an dir geschehen.

Siegbert Stehmann

Winterengel

Dunkel hängt meine Trauer
im Geäst des Winters
da der Schnee mir
den Weg versperrt
Ich habe ihn
aus den Augen verloren
Wo soll ich
meinen Fuß hinsetzen
wenn ich die Fallstricke
nicht sehen kann
Unter wessen Dach
kann ich warten
bis das Schneetuch
zerreißt
bis der Schnee schmilzt
unter den
Füßen des Engels
der die Lichter
anzündet

Ju Sobing

Ich nähre mich von Tränen,
und meine Kraft ist ausgeschöpft.
Der Weg wächst ohne mich
zum Horizont,
denn ich bin hingesunken.
Das ist der letzte Schritt,
den ich aus eig'ner Kraft getan.

Doch manchmal scheint sich
wer zu nah'n
in meinem Rücken, der gebeugt
der Dinge harrt, wie sie auch sei'n.
Und meine Seele spürt ein Wehn
von Flügeln sacht – mir ist
als wär'n es Engel, die da kämen.

Judith Magdalena Kornev-Rietmann

Ich bin da

Mt 2,19–23

Josef, Maria und das Kind in Ägypten. Noch immer sind sie Zugereiste. Aber doch sind erste Kontakte entstanden, haben sie sich in der Fremde ein wenig eingerichtet.
Da erscheint Josef im Traum wieder ein Engel, der ihm vom Tod des Herodes berichtet und ihn auffordert nach Nazareth zurückzukehren: „Steh auf, nimm das Kindlein und seine Mutter mit dir und zieh hin in das Land Israel; sie sind gestorben, die dem Kindlein nach dem Leben getrachtet haben."
Zwischen den Stühlen – nirgendwo richtig zu Hause, noch nicht in Ägypten, nicht in Israel.
Sich auf den Weg machen – ein Leben lang.
Immer die Hoffnung haben, dass uns ein Engel begleitet, dass uns ein Mensch zum Engel wird, dass wir einem anderen zum Engel werden.

Engel meiner Straßen
zwischen Steinen und Staub
finde ich immer wieder
Eure scheuen Grüße
Sternensplitter
Himmelsblumen
gestreut auf meinen Weg
in Gesichtern um mich
suche ich
Buchstabe für Buchstabe
Eure flüchtigen Namen
und lese
doch immer nur das eine
aus dunklen Silben
Ich bin da

Isabella Schneider

Andreas Felger „Lichtblick"

Der Traum von den drei Engeln

Der letzte Engel war der schönste:
Olivenlaub schien sein Gewand,
und sein Gesicht glich einem Falter,
auf dem der Trauer ewiges Alter
als große, schwarze Flammen stand.

Den ersten Engel wollte ich nicht lassen,
den zweiten wagte ich nicht anzufassen,
da nahm der dritte sanft mich bei der Hand.

Seither kann ich die andern nicht beschreiben.
Ich frag auch nicht: „Wird dieser letzte bleiben?“
Ich gehe nur und weiß: ich bin erkannt.

Christine Busta